ELOGE

DE

M. D'ORLÉANS DE LAMOTTE,

ÉVÊQUE D'AMIENS;

SUIVI DE NOTES HISTORIQUES.

Par M. N. S. GUILLON,

Chanoine honoraire de l'église de Paris, Professeur d'éloquence au Lycée Bonaparte.

DISCOURS

QUI A REMPORTÉ LE PRIX A L'ACADÉMIE DES SCIENCES
ET LETTRES D'AMIENS, EN 1809.

Par negotiis neque suprà Tacit.

PARIS,

ARTHUS-BERTRAND, Libraire, rue Hautefeuille, n°. 23.

1809.

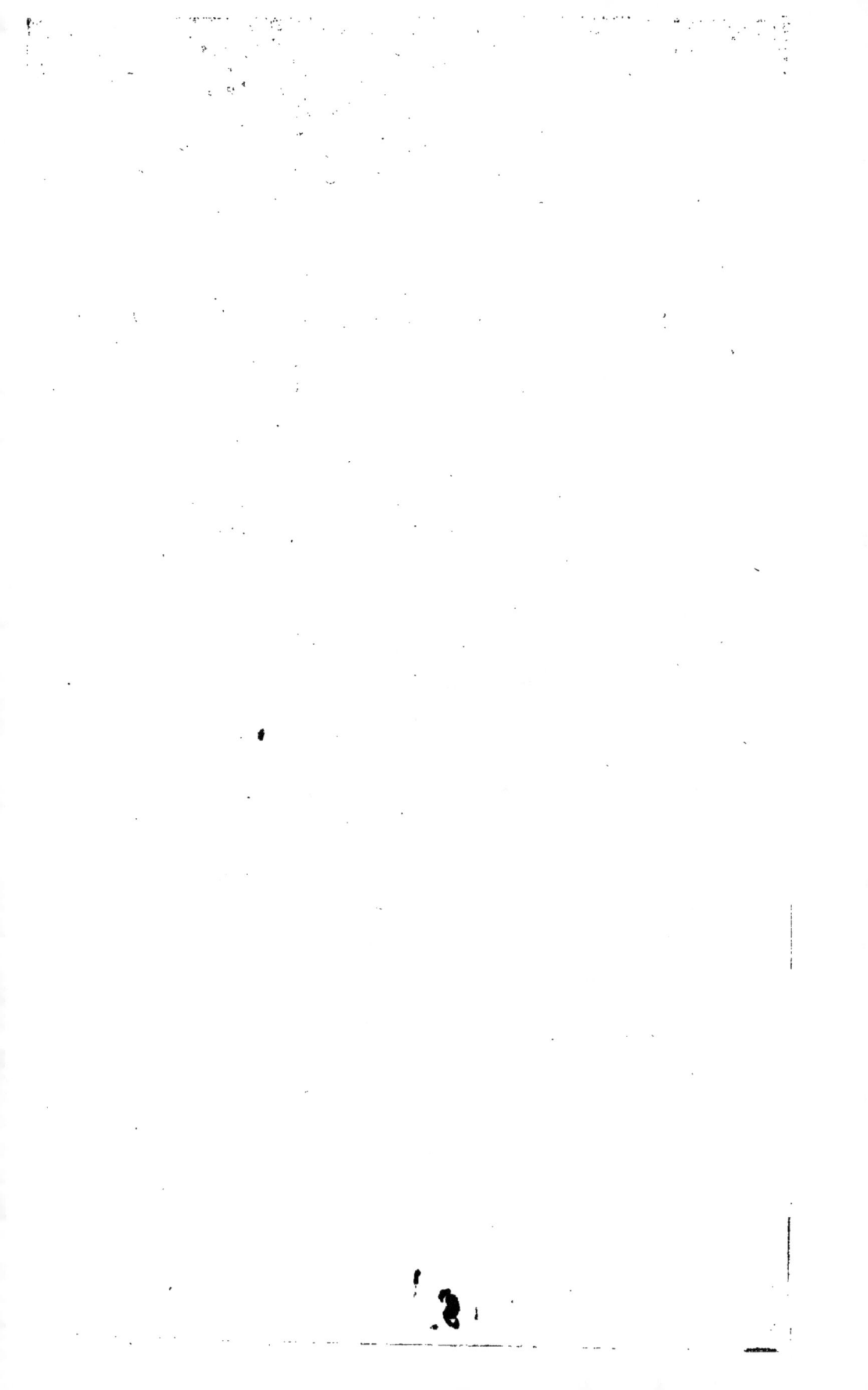

ELOGE

DE M. D'ORLÉANS DE LAMOTTE,

ÉVÊQUE D'AMIENS.

L'AUTEUR de cet éloge se trouvoit à Amiens, le jour où vint à s'y répandre la nouvelle que l'évêque, M. DE LAMOTTE, malade, nonagénaire, étoit recommandé aux prières de ses diocésains.

Etranger dans cette ville, il dut au hasard seul un de ces spectacles qui impriment dans l'ame des souvenirs ineffaçables.

Bien qu'un si grand âge laissât au fond des cœurs peu d'espérance pour une vie si chère, jamais les vœux publics n'en avoient sollicité la prolongation avec plus de ferveur, qu'au moment où ils ne devoient plus être exaucés.

Mais quand une certitude trop véritable eut ôté jusqu'à la ressource du doute, et que le récit détaillé des derniers momens eût appris que le vertueux prélat étoit perdu pour la

I

terre (*a*), (l'auteur raconte ce qu'il a vu), le sentiment profond d'une calamité générale jeta tous les esprits dans la douleur et l'abattement. Amiens étoit devenu tout entier une grande famille pleurant la perte d'un père tendrement vénéré. Les jeux et les divertissemens furent interrompus. On s'abordoit, on se cherchoit pour s'entretenir de l'illustre mort. Chacun des citoyens, en s'affligeant d'un malheur commun, se croyoit des motifs particuliers pour le pleurer. Au récit de ses vertus et de ses bienfaits, chacun ajoutoit une circonstance, une anecdote qui lui rendoient l'événement personnel. C'étoient moins des éloges que des panégyriques, moins des discours que des gémissemens. On couroit en foule à la chapelle épiscopale, où le corps resta trois jours exposé, pour y contempler encore ces traits dont la mort elle-même n'avoit point troublé la sérénité, et ces mains qui ne s'étoient jamais ouvertes que pour donner. On se disputoit le bonheur de jouir des derniers momens qu'il avoit à passer sur la terre, avant que le tombeau consommât la séparation. Parce qu'on lui parloit, on croyoit en être entendu; on vouloit posséder quelque chose qui lui eût appar-

(*a*) Le 10 juin 1774.

tenu ; quelque chose du moins qui l'eût touché, comme si la bénédiction eût pu s'exhaler de sa dépouille. Là, plus d'un malade, transporté au moins dans l'ardeur de ses pensées, aux pieds du saint évêque, se crut redevable à son inter-cession du soulagement de ses maux. Là, comme autrefois au tombeau de S. Martin, on a vu des militaires, les yeux baignés de larmes, ap-pliquer sur ces restes vénérables le pommeau de leur épée. Là, tandis que le prêtre, s'inter-rompant plus d'une fois par ses sanglots, offroit le sacrifice d'expiation, un pieux enthousiasme regrettoit que le jour de la mort d'un saint ne fût pas, ainsi que dans la primitive église, le jour d'un culte public, et lui en décernoit les hommages par une solennelle invocation.

La cérémonie des obsèques donna à la dou-leur publique une explosion nouvelle. Un con-cours immense s'étoit porté au-devant du cor-tège funèbre, et paroissoit se multiplier dans tous les lieux où il devoit passer. Le peuple, pour qui tout est présage, avoit vu dans les brouillards épais dont l'horizon se trouva chargé jusqu'au moment où la marche commença, un signe que le ciel s'associoit à la commune afflic-tion ; innocens préjugés qui trompent l'infortune trop souvent réduite à chercher des consolateurs ailleurs que sur la terre ! Ce triste appareil des funérailles, ces sombres couleurs du deuil, la pâle clarté des torches, le son des cloches mêlant leur lugubre harmonie aux chants plaintifs de la religion ; un bruit confus de voix s'interrogeant, se répondant pour recommencer sans cesse l'éloge du prélat, mais sans désordre, sans tumulte, et sans qu'aucune censure, aucune plainte troublât ce concert de louanges, les acclamations d'une foule d'indigens révélant à haute voix le secret de tant d'aumônes ; le recueillement des prêtres, et la majesté de la religion sortant triomphante du milieu des ombres de la mort, comme à ce même instant le soleil s'élevoit plus brillant du sein des nuages, tout ce tableau, vraiment difficile à peindre, sembloit indiquer moins un tribut payé à la mortalité, qu'un triomphe accordé à la vertu (¹).

Eh ! quel fut donc celui à qui s'adressoient tant d'hommages ? Etoit-ce un de ces hommes extraordinaires qui élèvent le talent de parler et d'écrire au plus haut point de perfection, et enrichissent l'esprit humain de nouveaux chefs-d'œuvre ? Non. Sans être étranger à l'art des Bossuet, des Fénélon, M. DE LAMOTTE s'est contenté d'instruire surtout par ses exemples ;

il a légué, dans sa vie toute entière, un livre éloquent et un beau modèle à imiter. Etoit-ce un de ces politiques profonds auxquels il a été donné de faire mouvoir les ressorts de la guerre et de la paix, de soutenir d'une main souple et ferme les rênes du gouvernement, de remuer les empires ou d'en asservir les destinées aux conceptions de leur génie? Hélas! ces hommes qui ont fait taire le monde en leur présence, les peuples aussi se taisent à l'aspect de leurs tombeaux. M. De Lamotte mit toute son ambition à se commander à lui-même, et sa gloire à bien gouverner son diocèse.

Il s'est montré tout ce qu'il devoit être; bon évêque, livré à ses devoirs sans réserve et sans écarts, *par negotiis neque suprà*, ayant uni dans le long cours d'une vie de plus de quatre-vingt-dix ans, tout ce qui fait respecter, à tout ce qui fait aimer, tel en un mot que si la terre n'avoit que des hommes qui lui ressemblassent, la philosophie elle-même n'auroit plus de vœux à former pour la société humaine.

PREMIÈRE PARTIE.

Louis-François-Gabriel d'Orléans De Lamotte naquit à Carpentras le 13 janvier 1683. Sa famille, d'extraction vénitienne, transplantée dans le Comtat vers le milieu du quinzième siècle, y jouissoit des avantages que l'opinion et la politique ont de tout temps attachés à la noblesse (*). Dans toute autre classe de la société, M. De Lamotte se seroit fait également remarquer dès ses plus jeunes années par la vivacité de son esprit, par d'heureuses dispositions et des talens précoces, depuis si utilement développés ; mais les appuis que procurent la considération et l'aisance, montrant de plus loin aux regards le mérite trop souvent délaissé, quand il n'a que ses ressources personnelles, appellent sur lui des récompenses qui deviennent alors des bienfaits publics.

Un autre avantage, plus précieux encore, fut d'être né au sein d'une famille vertueuse, où les leçons d'une éducation sage et courageuse étoient fortifiées par les exemples d'une probité sévère.

Alors brilloit de tout son lustre ce siècle qui

semble s'agrandir à mesure qu'il s'éloigne de nous ; siècle immortel, vraiment unique dans les fastes de l'histoire par la réunion de tout ce qui excite l'étonnement, et a droit aux hommages. Affermi par les longues et sanglantes luttes que sa gloire avoit suscitées, le trône de Louis XIV s'élevoit environné des trophées de la victoire et de toutes les prospérités de la paix. Le respect pour les saintes lois de la religion garantissoit les mœurs publiques ; la vigueur des institutions, un caractère de gravité que le ton et l'exemple du monarque avoit imprimé à l'esprit public, avoit passé de la cour à la capitale, de celle-ci aux extrémités de l'empire, et pénétré jusque dans l'intérieur des familles ; y régloit tous les devoirs, et maintenoit l'éducation, même particulière, dans cette force de discipline qui balance les avantages de l'éducation publique, et peut seule assurer les succès de l'une et de l'autre.

Aidé par de si puissans secours, le jeune DE LAMOTTE fut véritablement l'*Ecolier vertueux* (a). Quand, par la suite, il agréa la dédicace

_____

(a) *L'écolier vertueux* ou *vie de Jean Louis Marie Décalogne de la Perrie*, né au diocèse d'Amiens, par M. l'abbé Proyart de l'académie d'Amiens, etc.

Nous observons que la dédicace qui lui fut faite de

du livre publié sous ce titre , la seule à laquelle
il ait jamais consenti , c'étoit , sans qu'il y pensât ,
à sa propre image qu'il applaudissoit ; et M. l'é-
vêque d'Amiens , qui sans doute ne songea pas
même à s'y reconnoître , ajoutoit , par sa modestie , un nouveau trait de ressemblance entre
l'ancien et le nouveau *Décalogne*. Il avoit fait
ses premières études , jusqu'à la théologie inclu-
sivement , sous les Jésuites , d'abord à Carpentras , puis à Avignon. Ses succès , le tendre sou-
venir qu'il a toujours conservé de ses institu-
teurs , ajoutent un beau témoignage à la nombreuse liste des maîtres et des élèves sortis du
sein de cette société.

M. DE LAMOTTE s'étoit laissé conduire dans la
carrière ecclésiastique sans violence , sans séduc-
tion. Une piété tendre ; l'ignorance du monde ,
la meilleure garantie des mœurs pour la première saison de la vie ; une candeur qui le faisoit chérir et déjà respecter , le goût de l'ins-

---

cet ouvrage , est *la seule* à laquelle sa modestie lui ait
permis de consentir ; car il n'est pas prouvé , nous a dit
un témoin respectable , que M. DE LAMOTTE ait accepté
celle des *Conférences* ou *Exhortation sur les devoirs
des ecclésiastiques* , par le P. de Tracy , théatin , quoi-
que ce livre semble avoir été publié sous les auspices
du prélat.

truction et du travail; tout, jusqu'aux jeux de son enfance (³) avoit révélé le secret de sa vocation. Des mains des Jésuites, il passa dans celles de Messieurs de Saint-Sulpice, qui dirigeoient le séminaire de Viviers. Ce fut là qu'il prit l'habitude d'une vie réglée, qui assigne à chaque journée le même cercle de travaux, à chaque heure son occupation distincte, invariable : méthode d'une efficacité reconnue, qui semble multiplier le temps, et prévient la fatigue par la variété. Là, dans le silence de la retraite et l'étude de la religion, il apprit à faire dépendre ses devoirs et ses actions d'un seul principe supérieur à tous les motifs humains par l'autorité de sa sanction et la sublimité de ses espérances, le seul qui élève véritablement l'homme au-dessus de lui-même, fait de la vertu non pas un instinct, mais un besoin, agit avec empire sur les pensées et les mouvemens de l'ame, l'affranchit de la malheureuse servitude des sens, de l'opinion, et des événemens, attache d'ineffables douceurs aux sacrifices, et manque d'autant moins sa récompense, qu'il la place dans un lieu où les vicissitudes humaines ne sauroient atteindre.

Ce plan de conduite, fidèlement exécuté, ne tarda pas à le faire remarquer, soit à Car-

pentras, soit à Rome même, où l'amenèrent
des intérêts de famille, secondés par des circonstances inattendues. Durant un séjour de
six mois passés dans cette capitale du monde
chrétien, on conçoit quelle impression dut produire sur une imagination ardente et pure le
spectacle de cette ville dont le nom rappelle
tant de souvenirs, et présente tant de contrastes;
de cette *veuve d'un peuple roi, toujours reine
du monde*, comme l'a dit un de nos poëtes, si
riche, qu'elle a pu être dépouillée sans être
appauvrie. Avec quel enthousiasme il dut surtout visiter cette basilique de Saint-Pierre, le
plus beau monument d'architecture qu'il y ait
dans l'univers, si bien faite pour être le premier temple d'une église catholique; et ces cata-
combes, ville souterraine, peuplée des ombres
des martyrs qui, du sein de leurs sépulcres
encore sanglans, s'élevant à la fois autour de
lui, sembloient lui dire : « Nous fûmes les
« apôtres de cette religion dont tu vas être le
« ministre. Sache vivre et mourir comme nous,
« si tu aspires aux mêmes triomphes; car les per-
« sécutions sont de tous les âges » !

Notre jeune abbé avoit trouvé un zélé protecteur dans le cardinal de la Trimoille, am-
bassadeur de France auprès du Saint-Siége. Le

crédit de cette Eminence , joint à son propre
mérite , le recommanda puissamment au pape
Clément XI, qui le nomma à la théologale de
Carpentras , quoiqu'il ne fût encore que diacre.
M. DE LAMOTTE ne fut ordonné prêtre qu'à son
retour dans sa patrie. Ce bénéfice , d'un mé-
diocre revenu , en étendant ses occupations,
les ramenoit à un point fixe , nécessaire pour
empêcher un certain vague de dévotion , qui
finit quelquefois par surcharger l'ame et l'é-
puiser (4). L'étude approfondie de l'Ecriture et
des Pères , la prédication, si riche encore quand
elle seroit réduite à l'explication des dogmes et
des devoirs qu'embrasse la morale chrétienne ,
les conférences ecclésiastiques sur le modèle de
celles que SAINT-VINCENT-DE-PAUL avoit établies à Paris avec tant de succès , la direction
des ames , de toutes les écoles la plus propre à
la science du cœur humain : tels furent les
exercices auxquels il se consacra tout entier,
et qui firent de sa théologale une époque
mémorable dans les annales de l'église de
Carpentras.

Mais une seule ville ne suffisoit pas à l'activité
de son zèle. Cette ame brûlante , qui se trouvoit
trop à l'étroit dans un monde terrestre, et que
nous verrons jusqu'à son dernier souffle de vie,

tourmentée par le besoin inquiet de se répandre
dans les espaces sans fin de l'éternité, soupirer
après la Thébaïde de Sept-Fonds, et solliciter
un tombeau parmi les déserts de la Trappe (5)
pour aller s'y perdre dans l'immensité de son
Dieu, ne pouvoit changer le but de son ambition que par un autre but aussi vaste, et remplacer la victoire sur son être tout entier, que
par la conquête de plusieurs provinces à la fois.
Aussi le Comtat, la Provence, une partie du
Languedoc, devinrent le théâtre de son apostolat.

Ainsi que le célèbre archevêque de Cambrai,
M. DE LAMOTTE préluda à l'épiscopat par des
missions.

Appeler la religion dans les chaumières, et,
avec elle, la paix, la consolation et le bonheur,
le bonheur au sein des plus affreuses misères!
la prêcher dans les villes, à des auditoires dédai-
gnéux, sans lui rien laisser perdre de son indépendance, combattre à-la-fois tous les vices,
porter au fond des consciences la lumière de la
vérité et l'aiguillon du remords, abattre aux pieds
de l'évangile, et courber sous le joug de la pé-
nitence, des cœurs rebelles, des esprits hautains,
des passions en révolte, forcer, par la seule autorité de la persuasion, des restitutions souvent

éclatantes, des réconciliations jusques-là impossibles à espérer ; voilà le ministère et le triomphe de l'éloquence chrétienne, et, plus particulièrement, de l'éloquence des missions. N'aspirez pas à de tels succès, ô vous que l'orateur romain eût appelés des *ouvriers sans autre instrument qu'une langue déliée* (a), vous, à qui la nature et la méditation n'ont pas donné des entrailles maternelles ! C'est là, là seulement, que se rencontrent ces hommes, vrais orateurs, *véhémens, et en quelque sorte tragiques* (b), éloquens sans art, sublimes sans pompe, qui arrachent les larmes parce qu'ils pleurent eux-mêmes, et qui souvent *ont déjà prêché, même avant d'avoir ouvert la bouche* (c).

Mais aussi, pour tout cela, combien de tra-

(a) *Operarios linguâ celeri et exercitatâ.... Horum oratio neque nervos neque aculeos habet.* (Orat. n° 62.)

(b) *Grandis, et, ut ita dicam, tragicus orator.* (Cicer. in Brut. n° 203). Voyez *Principes d'éloquence* par M^{gneur.} le cardinal Maury, n° 18, pag. 86, édit. in-8° Paris 1805, *sur l'éloquence de M. Bridaine;* et Fénélon, *Dialog. sur l'éloq.* pag. 121, édit. in-12. Paris 1740.

(c) Expression appliquée au célèbre missionnaire Bridaine. Elle rappelle le mot de Louis XIV sur Bossuet. Nous l'avons entendu répéter à l'occasion du P. Beauregard.

vaux, combien de fatigues , souvent même de dangers ! On ne vante pas d'ordinaire les missions des campagnes autant que celles des contrées infidèles. Moins périlleuses , elles sont peut-être plus difficiles. Il y a , dans le grossier paysan , plus de rudesse et d'indocilité que dans le sauvage. L'intérêt , la cupidité sont des barrières plus difficiles à franchir que les montagnes et les forêts. Les haines sourdes et les jalousies publiques ou secrètes , que le zèle le plus pur , comme le plus modeste, rencontre trop souvent , au sein même de la famille chrétienne, opposent aux efforts du missionnaire des obstacles quelquefois invincibles.

Ces difficultés diverses , notre vertueux prêtre eut , plus d'une fois , l'occasion de les combattre. Parcourant la Provence , il alloit, poursuivant toutes les infortunes , épiant tous les besoins, voyageant à pied , à travers les torrens et les précipices, un bâton pour toute richesse , son bréviaire pour tout bagage , respirant, tantôt, l'air embrâsé de la plaine , tantôt, les vapeurs glaciales de la montagne , baigné de sueur, à jeun , dévoré par la soif et par la faim , n'ayant pour boisson que l'eau de la fontaine , pour aliment qu'un pain noir demandé comme aumône, jamais comme salaire, marchant d'un pas ferme, intrépide, à travers les exhalaisons de la peste, qui sembla, plus d'une fois, s'être arrêtée au-devant du bienfaiteur de l'humanité (⁶).

Sa réputation croissoit avec ses travaux. Son zèle avoit toute la chaleur de son âge, et sa sagesse, toute la substance de l'âge mûr. Ces qualités, rares dans tous les temps, étoient surtout bien précieuses dans les circonstances où se trouvoit l'église gallicane, troublée par un schisme qui avoit résisté aux censures des papes, aux réclamations des évêques, à la sévérité du roi Louis XIV, aux énergiques réfutations des jésuites, à l'exemple de Fénélon. Comprimé par un monarque qui savoit se faire obéir, et poursuivi jusques dans les ruines de Port-Royal, le jansénisme avoit été secondé puissamment par les oscillations d'un gouvernement machiavélique, complice des nouvelles libertés de penser, par l'impunité qu'il accordoit à leurs auteurs, attisant à dessein les querelles religieuses, sous le dangereux prétexte de tenir l'équilibre entre tous les partis. A la régence avoit succédé le ministère du cardinal de Fleury, politique sage, que l'on a tant de fois comparé au Nestor de l'épopée, pour l'autorité de ses conseils. Pénétré, comme le vieillard grec, du principe de l'unité dans toute administration, le cardinal de Fleury voulut réprimer une secte qu'avant lui, Richelieu avoit jugée dangereuse à l'état autant qu'à la religion, et l'attaqua dans son chef. C'étoit, alors, le célèbre Soänen, génie ardent et ferme, éloquent à l'égal de MASSILLON, (7) un de ces hommes faits pour remuer les peuples, et les entraîner par l'ascendant des vertus, aussi loin que d'autres le pourroient faire par la force de leurs vices, s'attirant d'autant plus les regards du siècle qu'il paroissoit s'en éloigner davantage par l'austérité de ses mœurs, se faisant, aux yeux des siens, de ses disgraces, des sujets de joie, et de son exil un triomphe, digne enfin du nom d'ATHANASE, si un tel nom, consacré par l'église catholique, pouvoit se rencontrer dans un parti que l'église catholique a condamné.

Par les soins du cardinal de Fleury, le concile d'Embrun fut convoqué. On sait quels en furent les résultats. M. de Sénez fut *déposé*; et, après la mort de l'abbé de Saléon nommé par le concile administrateur du diocèse, l'abbé DE LAMOTTE, choisi pour le remplacer, à titre de grand-vicaire, se trouva investi des plus laborieuses fonctions de l'épiscopat.

Sa profession de foi sur le système janséniste étoit connue. « Dieu, disoit-il, n'est pour lui

« qu'un être terrible ; il n'est pour moi que
« l'être bon ; je ne puis me résoudre à en faire
« un tyran qui nous ordonne de marcher, en
« nous mettant les fers aux pieds, et qui nous
« punit si nous ne marchons pas. »

Sa conduite fut conforme à l'esprit qui avoit
dicté ces paroles si véritablement évangéliques.
Ce fut la même qui avoit valu à Fénélon tant
de conquêtes dans les provinces d'Aunis et de la
Xaintonge. Les droits de la vérité ne furent
pas trahis ; mais le dogme de la tolérance chrétienne resta consacré. Nulles violences, nulles
menaces, nulles recherches. Au contraire, les
plus sévères précautions, pour écarter jusqu'à
l'ombre de la persécution. La douceur, la persuasion, l'exemple des vertus, furent les seules
armes opposées à l'ignorance et à l'entêtement.
On lui proposoit de faire ouvrir d'autorité les
portes d'une maison où on ne vouloit ni le voir
ni l'entendre : « *Elles seroient*, répondit-il,
« *de toile d'araignée, que je n'y toucherois*
« *pas.* (⁸) » Plusieurs des réfractaires avoient
été bannis ; l'abbé De Lamotte obtint leur rap-
pel dans leurs foyers. De semblables argumens
laissoient sans réplique les plus subtils discou-
reurs. Aussi tous les cœurs se rendoient-ils,
alors même que les esprits étoient encore indo-

2

ciles. On accouroit en foule oublier ses erreurs aux pieds d'un homme, en qui l'on croyoit voir la vivante image du Dieu bon qu'il prêchoit; et bientôt, il ne se trouva plus un seul rébelle dans tout le diocèse.

Les vœux du cardinal – ministre étoient remplis; mais la dette de la reconnoissance publique restoit à payer. M. de Fleury étoit bien loin de se croire quitte envers l'abbé DE LAMOTTE par le don de l'abbaye de Scellierres. *C'étoit bien peu*, lui avoit dit l'obligeant protecteur: à quoi M. DE LAMOTTE avoit répondu que « c'étoit autant qu'il lui en falloit, et beaucoup plus qu'il ne méritoit. » Ces mots, échappés de son cœur, plutôt que de ses lèvres, avoient achevé de convaincre le religieux ministre, qu'il étoit temps de faire monter au rang des apôtres un homme qui leur ressembloit par ses vertus; que la plénitude de l'épiscopat ne pouvoit être conférée à personne plus dignement qu'à celui qui venoit d'en faire un si honorable apprentissage, et, qu'un si redoutable ministère ne pouvant être rempli que par des hommes (*a*), il appartenoit à un homme qui s'étoit montré partout comme un ange de paix.

(*a*) *Onus ipsis tremendum angelis*, disent les pères et les conciles.

Aussi l'évêché d'Amiens étant venu à vacquer par la mort de M. Sabatier, en 1733, Louis XV, sur la présentation du cardinal, y nomma M. De Lamotte, de préférence à bien des solliciteurs. C'étoit appeler Elisée à la succession du prophête. Aussi toutes les vertus admirées dans le prédécesseur se reproduisirent-elles dans le nouvel évêque, et la suite des saints évêques d'Amiens ne souffrit point d'interruption.

La manière dont il reçut sa nomination eût seule montré combien il en étoit digne. Tandis que les voix les moins suspectes de flatterie en félicitoient le trône et l'autel; pour lui seul elle étoit un sujet de *surprise et de confusion* (⁹). Et pourtant, il n'étoit fait évêque qu'à l'âge de plus de cinquante ans, sans l'avoir brigué, sans l'avoir désiré même, sans s'être jamais fait voir ailleurs que dans la chaire, aux pieds des autels. M. le Dauphin lui disoit un jour : *Vous avez été nommé évêque bien tard.* — *C'est*, répond le prélat, avec autant de politesse que de modestie, *c'est que, quand le roi votre aïeul a une faute à faire, il la fait le plus tard qu'il peut.*

Ce qu'est M. De Lamotte dans la première ferveur du sacerdoce, il le sera jusques sous les glaces de la vieillesse la plus avancée; et sa vie toute entière est un long jour qui nous le montre constamment le même durant quarante années. Que l'on nous permette d'entrer dans quelques détails sur son administration; un cœur tel que celui-là est un sanctuaire que l'on peut ouvrir à tous les yeux.

M. DE LAMOTTE étoit fortement pénétré de ce principe : qu'un évêque est non-seulement le modérateur et le chef des pasteurs ; mais qu'il est lui-même le premier pasteur de tous les troupeaux pour les besoins de la vie présente, comme pour ceux de la vie future. « Ministres « de la religion, ministres des mœurs, nous som-« mes encore, a dit un prélat illustre du dernier « siècle, les ministres de l'humanité. »(a) Et, dans le langage de M. DE LAMOTTE, zèle, sagesse, fermeté, bienfaisance, étoient pour un évêque moins des vertus que des devoirs.

ZÈLE.

Ses premières sollicitudes se portent sur son séminaire, pour en régler les exercices, veiller en personne à la discipline, en coordonner les études avec un autre enseignement bien plus solide que toutes les sciences humaines,

_____

(a) M. de Beauvais évêque de Sénez, dans son oraison funèbre de M. l'évêque de Noyon.

exciter par sa présence l'émulation du bien, et former pour l'église et la société les générations dont le sanctuaire attend ses soutiens, le peuple, ses guides et ses consolateurs. Mais ses soins s'étendoient à-la-fois sur toutes les parties de son diocèse. Une distribution sagement combinée lui donnoit chaque année deux cents paroisses à visiter, et lui a ménagé, par des retours périodiques, l'occasion d'en parcourir plusieurs fois la totalité. Partout, on l'a vu, rassemblant autour de lui tous les âges et toutes les conditions, prêcher, catéchiser, dispenser les sacremens, descendre aux plus petits détails, si pourtant comme l'a dit un des panégyristes de FÉNÉLON, c'est descendre, que de remplir ses devoirs, corriger les abus, ou les prévenir, pourvoir à tous les besoins, sans que l'étendue de ses fonctions ait nui jamais à leur harmonie ; sans que l'épuisement de ses forces ait interrompu le cours de ses travaux ([10]). *L'éternité*, disoit-il souvent, *est assez longue pour se reposer.* SAGESSE.

Mais ce même zèle fut éclairé par la science, et dirigé par la sagesse. S'il redouta dans ses prêtres la vaine ambition de tout savoir, il a prouvé le cas qu'il faisoit des connoissances utiles, par les encouragemens dont il aimoit à les prévenir, par les moyens de propagation qu'il donnoit aux bons ouvrages, par le choix qu'il avoit mis à la composition de sa nombreuse bibliothéque, et par l'honorable bienveillance qu'il ne cessa d'accorder à cette Académie savante, dont l'éloge viendroit naturellement se lier à celui de son bienfaiteur, si le panégyriste du pré-lat n'avoit à respecter la modestie de ses juges.

C'étoit cet esprit de sagesse, qui, tenant dans ses mains la balance ferme entre une sévérité désespérante et une indulgence dangereuse, tempérant l'autorité par la douceur, l'a fait si souvent comparer, tantôt à S. François de Sales, tantôt à S. Charles-Borromée. Le même sentiment, qui l'attacha constamment à son trou-peau, malgré les vœux qui le portoient suc-cessivement à Arles, à Nîmes, à Paris même, malgré les instances pressantes de Louis XV, de la vertueuse reine, et de M. le dauphin, tous jaloux de posséder quelques momens auprès d'eux *leur saint évêque*; le même enfin, qui, le concentrant tout entier dans les obliga-tions de son état, le rendoit étranger à tous les intérêts de la politique, dans un siècle où chaque citoyen étoit frondeur, et où tout invitoit à l'être.

FERMETÉ. Si donc nous l'avons vu, durant le long cours des dissensions religieuses qui agitèrent le milieu du dernier siècle, aux prises avec l'autorité, lutter, avec une énergie infatigable, contre les arrêts de la magistrature, tant de Paris que de sa propre ville ; soutenir contre tout le poids de l'opinion publique la cause du sanctuaire ; fût-ce emportement de zèle ? et cette vertu, jusque-là si sage, se seroit-elle égarée dans un stoïcisme opiniâtre, qui se croit grand pour n'être qu'exalté, et libre pour n'être que rébelle ? Fanatisme en effet punissable, sagesse orgueilleuse, que M. l'évêque d'Amiens appeloit une *hydropisie de cœur*, laquelle s'immole aux illusions de l'amour-propre, aux préventions de l'ignorance, et se fait de la conscience une idole qu'elle repaît de la fumée de ses vains sacrifices.

Ne préjugeons rien ; seulement, demandons-nous à nous-mêmes : Qu'étoit M. DE LAMOTTE ?

Je sais trop ce que s'empresseroient de répondre ici, je ne dis pas les écrivains d'un certain parti, les auteurs de ces pamphlets *philosophiques*, qui, dès-lors, inondèrent notre France, surtout ces ténébreux folliculaires, qui pendant plus de cinquante années, l'honorèrent périodiquement de leurs satires, et dont la haine ne s'est pas reposée même sur son tombeau ; mais de graves magistrats, mais ce même parlement de Paris, à qui l'histoire a seule, désormais, le droit de reprocher ses erreurs politiques, tant elles ont été cruellement expiées.

Qu'étoit donc M. De Lamotte ? Cette demande portée au tribunal de la postérité ; la postérité plus équitable répondra : *Ce fut un évêque catholique.* Ce seul mot explique ses devoirs et sa conduite. C'est-à-dire qu'il étoit le ministre, le simple dépositaire d'une religion qui, rémontant jusqu'au ciel pour s'y réunir à son divin auteur, et de là, redescendant sur la terre, pour embrasser l'universalité des temps et des lieux, offrant, dans les caractères de sa divinité les plus magnifiques garanties de la soumission qu'elle impose, puissante de sa propre force, n'admet ni mobilité dans ses principes, ni variation dans son langage, est donc aujourd'hui ce qu'elle étoit hier, ce qu'elle sera dans tous les temps. « Préposé à la garde de cette « arche sainte, disoit M. D'Amiens, n'ai-je pas « fait serment de repousser loin d'elle toute « aggression étrangère ? Les autels de la religion « et de la patrie, qui reçurent mes sermens, « se soulèveroient contre moi, si je venois à les « trahir. Dût-elle être rougie de mon sang, la « chaîne de la tradition doit passer à ceux qui « viendront après moi toute entière, comme je « l'ai reçue des dix-huit siècles écoulés avant « moi. Irai-je déchirer de mes mains la charte

« sacrée qui m'impose l'honneur et la charge
« du gouvernement, courber sous le joug des
« intérêts humains, asservir aux caprices de la
« politique une église qui, jusqu'ici, se vantoit
« d'être reine, et certes, s'en vantoit à bon
« droit, faire rejaillir sur le divin fondateur lui
« même l'opprobre d'avoir trompé sa promesse,
« et de n'avoir fait descendre du ciel qu'une
« œuvre impuissante et mutilée ? »

Or, c'étoit là la substance des réclamations
de M. l'évêque d'Amiens. Sa voix isolée n'eût
point été à dédaigner; mais unie à celle de la
presqu'unanimité des évêques françois, à celle
du grand-juge de la catholicité dans ces sortes
de controverses (le souverain pontife), elle de-
venoit, dans la doctrine catholique, l'organe de
la vérité même.

De quel crime s'étoit-il donc rendu coupable,
pour provoquer les dures qualifications impri-
mées à sa conduite, et les flétrissures publiques
décernées contre ses écrits? (11)

Observons toutefois que le roi Louis XV,
l'un des hommes de son royaume à qui l'on
ait reconnu le sens le plus droit, ne changea
pas un seul instant d'opinion sur le vrai caractère de M. DE LAMOTTE; qu'il lui ménagea constamment, dans sa confiance toute particulière,

un asile contre les vexations de ses tribunaux ;
que le monarque trouva dans le sentiment profond de son estime pour lui, la force nécessaire pour arrêter à sa personne tous ces flots
d'ennemis soulevés ; que s'il ne montra pas un
courage égal envers M. l'archevêque de Paris
(De Beaumont), il respecta dans M. d'Amiens
l'apologiste du prélat sacrifié, disgracié, puni
par l'exil ; et que, dans une cour où déjà fer-
mentoient les opinions nouvelles, Thraséa fut
loué impunément devant ses accusateurs.

Un zèle toujours ferme et sage anima la conduite de M. DE LAMOTTE à l'égard des scandales
publics. Tout ce que les bons esprits avoient
droit d'attendre d'un ministère essentiellement
conservateur de la morale, il le fit dans son diocèse, pour prévenir la contagion des mauvais
livres et des mauvais exemples.

Mais quand la digue eut été franchie, et
qu'un grand crime eut éclaté dans une de ses
principales cités.... Je m'arrête ; ici le vœu célèbre de M. de Thou (a) vient encore se placer
sous ma plume : *excidat illa dies*. Mon ame
oppressée repousse ces images d'une brutale

_____

(a) Et non, pour le dire en passant, du chancelier de
l'Hospital.

impiété et du châtiment terrible qui l'a suivie. (¹²)

Mais alors l'indignation universelle appeloit la vengeance; son effervescence ne permettoit pas de calculer les clameurs de la philantropie; elle ne laissoit voir que les dangers de l'impunité, et le besoin d'un grand exemple. On voulut une expiation égale à l'outrage. Dans un délit qui intéressoit à la fois les lois religieuses et les lois civiles, quelle part l'évêque a-t-il pris à la réparation, et comment a-t-il sacrifié l'humanité à la religion? Avant de prononcer, reportons-nous à une autre époque.

Qu'une pareille action vînt à se reproduire, aujourd'hui que le principe de la liberté des cultes autorise la profession de tous, et garantit l'indépendance de chacun, quels seroient et l'office du pontife et le devoir des magistrats? Le premier prendroit conseil de sa conscience, de ses usages; il feroit une solennelle amende-honorable à la majesté de son culte, et personne ne songeroit à censurer cet acte légitime et nécessaire de sa jurisdiction. L'autre liroit ses obligations dans le livre de la loi; et la sainteté des lois seroit vengée.

M. De Lamotte a honoré son ministère; tout acte de mollesse l'eût rendu prévaricateur. Il n'a point pris l'initiative sur la jurisdiction ci-

vile ; il n'a point provoqué les mesures sévères
auxquelles celle - ci s'est crue obligée. Sans re-
proche aux yeux de l'humanité , il est respectable aux yeux de la religion (*a*).

Mais, puisqu'il n'est pas au pouvoir des
hommes d'anéantir la mémoire de ce qui s'est
fait, du moins, retraçons de plus doux souvenirs.

BIENFAISANCE. La vertu la plus chère au cœur de M. DE
LAMOTTE fut la charité. La vigueur du com-
mandement n'a point tous les jours besoin de se

(*a*) Voici dans quels termes un célèbre contemporain
s'est expliqué sur cet événement. « Ce qui vient d'arri-
« ver à Abbeville est d'une nature bien différente (de
« l'histoire des *Calas*.) Vous ne contesterez pas que tout
« citoyen doit se conformer aux lois de son pays ; or il y
« a des punitions établies par les législateurs pour ceux
« qui troublent le culte adopté par la nation. La dis-
« crétion, la décence, surtout le respect que tout citoyen
« doit aux lois , obligent donc de ne point insulter au
« culte reçu , et d'éviter le scandale et l'insolence. Ce
« sont ces lois de sang qu'on devroit réformer, en pro-
« portionnant la punition à la faute , mais tant que ces
« lois rigoureuses demeureront établies , les magistrats
« ne pourront pas se dispenser d'y conformer leur juge-
« ment. » Ce contemporain, c'est le protecteur, l'ami
de Voltaire et des philosophes, c'est Frédéric II, roi
de Prusse. (Voyez *Correspond. de Voltaire*, in-8°
tom. 2. *pag.* 343. *lettre* 147.)

déployer; pour la charité il n'y a point de jour perdu.

La miséricorde sembloit être née avec lui. Dès son enfance, on l'avoit surpris se dépouillant pour revêtir des indigens. S'il croît en âge, c'est aussi pour croître en bienfaisance. Le jour où il reçut son premier benéfice dût être pour lui un jour de bonheur, ses pauvres alloient en être plus riches. Aussi y gagnèrent-ils plus que lui. La pluralité des bénéfices n'eût jamais été un scandale, s'ils n'avoient eu pour administrateurs que des hommes qui lui ressemblassent. La bienfaisance n'a jamais trop à donner.

Durant tout le cours de sa vie, ses biens appartenoient à ceux qui n'en avoient pas. On se rappelle encore avec effroi cet hiver de 1709, époque mémorable dans l'histoire des calamités du dernier siècle. Heureusement pour l'humanité, Fénélon étoit à Cambrai, Mérinville à Chartres, Bissy à Meaux, Sabatier à Amiens, Fléchier à Nismes; et, précisément, cette même année, la providence appeloit Belzunce à Marseille. Encore simple prêtre, M. De Lamotte étoit bien loin d'avoir leurs ressources; mais sa tendre et active commisération ne se déploya pas avec moins de zèle. Les années 1759 et 1740 virent se renouveler le fléau de la famine et les prodiges de sa charité. C'eût été trop peu pour lui de n'être que généreux. Sévère pour lui-même, il alloit jusqu'à se retrancher presque le nécessaire, afin d'être prodigue envers les malheureux. ([13])

A la plus merveilleuse sagacité pour découvrir toutes les misères, il joignoit une délicatesse de soins et d'attentions qui doubloit la valeur du bienfait, un plaisir vrai, tranchons le mot, une passion de bienfaisance, qui le rendoit insensible à ses privations personnelles, et ne lui laissoit d'affection que pour les peines d'autrui.

En 1762, le feu consuma une partie de son palais épiscopal, (a) *Je n'en suis*, dit-il, *affligé que pour mes pauvres*. En 1773, l'explosion du magasin à poudre d'Abbeville ayant causé à cette cité des pertes immenses, M. De Lamotte, ne voulant rien changer à ses aumônes réglées, vendit ses vases et ornemens sacrés. Est-il, en effet, de parure plus magnifique pour un évêque, que les larmes des indigens essuyées par ses mains ? Est-il un trésor plus riche aux yeux du

---

(a) Le roi Louis XV fit offrir à M. De Lamotte, vingt-mille francs pour l'indemniser de cette perte. M. l'évêque ne voulut point profiter de la libéralité du monarque. Nous laissons à juger lequel étoit le plus honorable ou de l'offre ou du refus.

Maître de la nature, que cette vertu sublime de la bienfaisance , qui en est le plus noble attribut ?

La charité de M. De Lamotte ne bornoit point ses vues aux besoins du moment ; elle auroit voulu embrasser tous les temps ; et cette inquiète prévoyance de l'avenir valut à l'église d'Amiens le plus beau présent qu'elle pût recevoir de son évêque. Il appela M. De Machaut à la coadjutorie. Etoit-ce afin de se ménager les moyens d'échapper aux sollicitudes de l'administration, et de goûter un repos légitime après des occupations laborieuses et d'éclatans succès ? Non. Il vouloit perpétuer l'œuvre de sa bienfaisance ; et l'on sait combien ses vœux ont été religieusement acquittés par le successeur qu'il avoit, en quelque sorte, façonné à son image (*a*).

Une vie de quatre-vingt-douze ans , passée dans l'exercice de toutes les bonnes œuvres , étoit sans doute une belle apologie pour la religion, seule capable de produire un ouvrage si parfait. Aussi , amis , ennemis , tous étoient pénétrés pour M. De Lamotte d'une vénération

(*a*) M. De Machaut, successivement son grand.vicaire, son coadjuteur et son successeur. M. De Lamotte disoit de lui , en le présentant à son chapitre : *Messieurs , je vous donne un autre S. Jean l'aumonier.*

religieuse. Ajoutons, car ce ne seroit là que la moitié de son éloge, personne ne lui pouvoit refuser ce sentiment de confiance et d'affection qui s'attache à ce qui est aimable.

~~~~~~

SECONDE PARTIE.

On accuse communément la vertu d'être triste et chagrine, ennemie du plaisir pour elle et pour les autres; en général, peu favorable au développement des facultés de l'ame et des qualités de l'esprit.

Toutes les vues ne sont pas assez pénétrantes pour discerner l'alliage d'avec le principe, ce qui tient à l'essence même de la vertu, d'avec ce que la fragilité humaine vient trop souvent y mêler. De là, ce défaut si ordinaire, de confondre la vertu avec ceux qui la professent, et de la punir elle-même, par la sévérité des jugemens portés contre ceux qui l'exercent. Observons, d'ailleurs, que cette erreur tient peut-être à la délicatesse même de la vertu, plutôt encore qu'à la foiblesse de notre nature. Il n'est pas une vertu qui ne touche à son contraire. Ici, convenons-en, l'expérience semble justifier le système fameux de M. de la Rochefoucauld, et les traits piquans lancés contre notre humanité par plusieurs de nos moralistes. Par exemple, la charité qui fait profession d'embrasser tous les hommes dans un même sentiment d'amour, s'affoiblit à force de s'étendre ; elle éteint la sensibilité, et va bientôt se perdre dans un vague cosmopolisme qui aime tout et n'aime rien. La modestie tombe dans le mépris de soi-même qui ote à l'ame, avec l'enthousiasme des nobles sentimens, l'énergie nécessaire aux grandes actions. L'amour de la vérité, passion sublime qui a ses héros comme l'amour de la gloire, est sujet à tourner à l'entêtement, à la personnalité, à l'humeur ; la simplicité, vertu de l'âge d'or, devient une source d'erreurs et de maux dans les siècles de fer où nous vivons. La gravité et la gaîté s'arrêtent difficilement aux bornes étroites, au-delà desquelles elles ne sont plus l'une, que hauteur, l'autre, que pétulance (a).

Mais on l'a dit souvent, et il faut bien en convenir aussi : le secret, vraiment difficile, de marcher entre deux extrêmes qui semblent se confondre, d'humaniser la vertu sans altérer son

_____

(a) Bien souvent, on ne peut pratiquer une vertu, sans offenser une autre vertu. *Charron.*

céleste caractère, et par-là de la réconcilier avec
l'opinion de ses censeurs, de la ramener à sa
pureté virginale, ce secret n'appartient qu'à la
religion. La vie deM. De Lamotte nous en offre
un témoignage contemporain.

Le célèbre archevêque de Sens, M. Languet,
disoit de lui que c'étoit un des hommes les plus
aimables qu'il eût jamais connus. Pas un de
ceux qui le voyoient tous les jours, qui n'eût pu
en dire autant.

Un trésor inépuisable de sensibilité fournissoit à toutes les affections légitimes. Celle qu'il
refusoit à ses propres intérêts tournoit au profit
des autres. Les glaces de l'âge n'avoient rien
pris sur la jeunesse de son ame. Quelques années
avant sa mort, il perdit un de ses frères. La
douleur qu'il en conçut eut besoin de s'épan-
cher dans une lettre touchante (14). On n'y voit
rien de violent, nulle exagération ; c'est un
sentiment de mélancolie douce qui se plaint à
Dieu de Dieu même. Ce frère en effet plein de
vertus étoit digne de la tendre affliction dont
M. l'évêque d'Amiens honora sa cendre.

Même caractère dans les regrets qu'il exprime
sur la mort de son grand-vicaire, ou plutôt de
son ami, M. l'abbé de Brantes. C'est l'apôtre
du désert, Jérôme, pleurant son cher Népotien ;

c'est Ambroise faisant l'éloge funèbre du compagnon de son apostolat ([15]). La douleur d'une ame religieuse pleurant sur des morts chéris, auxquels elle doit bientôt se réunir, est moins éclatante, mais bien plus profonde, plus durable peut-être que celle qui, dépourvue d'espérance, ne trouve pas dans un tombeau froid l'aliment et le charme qui l'entretient et la soulage.

Une autre famille, qui ne lui fut pas moins chère, ce fut son chapitre. M. De Lamotte en avoit fait son conseil ; il déféroit à ses avis : ce n'étoit qu'un esprit et qu'une ame. Heureuse fraternité dont la ville et le diocèse recueillent encore les fruits les plus précieux !

Ses curés n'étoient pas non plus étrangers à sa sollicitude. On a dit qu'il ne les admettoit pas à sa table. Je ne chercherai pas à détourner sur des calculs d'économie le motif d'une exclusion injurieuse au sacerdoce, et condamnable si elle étoit prouvée ; mais comment la concilier avec des faits bien autrement caractéristiques ? Le prélat qui disoit : « Où trouvera-t-on l'hos- « pitalité, si les évêques la refusent ? et où les « prêtres la trouveroient-ils, s'ils ne la trouvent « chez leur évêque ? » Un tel prélat étoit-il homme à méconnoître la dignité du sacerdoce ?

Lui qui aimoit tant à les aller chercher au milieu de leurs troupeaux, pouvoit-il les laisser exposés au compromis de leur caractère et aux dangers des grandes villes, quand des affaires les appeloient auprès du premier pasteur? J'ai lu encore dans les mémoires de sa vie, (¹⁶) qu'il reçut et garda trois mois dans son palais, dans son intérieur, un simple prêtre fugitif, étranger, *peu aimable*, sourd, presqu'aveugle; et je me suis dit : Que ne faisoit-il donc pas pour les siens?

Nous avons parlé de sa charité. Mais ce que nous n'avons pas dit encore, c'est qu'il y portoit un désintéressement qui lui rendoit cette vertu naturelle et nécessaire. Il alloit jusqu'à dispenser de la reconnoissance, seul moyen de ne pas faire d'ingrats; et se seroit cru payé deux fois, s'il avoit réclamé quelque retour de la part des hommes.

Avec une aussi parfaite abnégation de soi-même, il devient inutile de parler de sa modestie. L'auteur des mémoires de sa vie, qui paroît en avoir suivi tous les détails, ne craint pas d'affirmer que M. DE LAMOTTE n'eut pas le premier mouvement d'amour-propre. « C'est, « ajoute-t-il, ce que donnoit à penser la ma- « nière libre et aisée dont il répondoit aux com- « plimens, et qui annonçoit une ame autant à

« l'abri des alarmes d'une humilité qui souffre,
« qu'éloignée d'un orgueil qui se complaît dans
« les hommages qu'il reçoit ». Voilà, sans doute,
une modestie bien franche, puisqu'elle va, selon
l'expression d'un de nos écrivains (*Fléchier*),
jusqu'à *triompher de la modestie même*; et
pourtant, vous ne la voyez jamais affoiblir dans
M. DE LAMOTTE le ressort qui pousse aux pensées nobles, aux actions généreuses. Constamment à la tête des entreprises utiles, arrivant à
la fin de chaque journée avec quelques bonnes
œuvres de plus. Et tandis que les parlemens
foudroient, que les ministres chancellent dans
leurs voies tortueuses, que l'orgueilleux cour-
tisan tremble au nom du maître, lui, semblable
au juste de l'antiquité, indifférent au blâme ou
à l'éloge, il brave les caprices de la multitude,
les arrêts de la tyrannie, élève à la vérité un
trône par-dessus les ruines mêmes de l'empire,
qui déjà commence à s'ébranler ([17]).

Partout ailleurs, renfermé dans le cercle des
devoirs de la vie civile, vous le retrouvez tel
que la nature l'a fait, simple, s'oubliant lui-
même, s'accommodant à tout ([18]), ne connoissant
ni le luxe de la table, ni la somptuosité des
équipages; plus jaloux d'orner ses églises et sa
bibliothèque, que sa personne et sa maison ([19]);

affable et populaire, se prêtant avec une complaisance rare à tous les âges comme à toutes les professions ; s'apercevant à peine de l'importunité qui s'oublioit aisément auprès de lui ([20]).

Si, dans la dispute, il combattoit avec chaleur pour son opinion, parce qu'il ne l'avoit point prise au hasard, il étoit loin aussi de poursuivre son droit avec opiniâtreté, et d'en abuser par des personnalités ; ou bien, quand la question étoit de nature à ne pouvoir être sacrifiée à la paix ou à la politesse, la vivacité de son esprit lui fournissoit une saillie qui tranchoit l'entretien et lui laissoit l'honneur du combat. Étoient-ce des matières qui intéressassent l'ordre public ? Toujours soumis à l'autorité, il étoit le premier à donner l'exemple de l'obéissance aux mesures politiques qui contrarioient le plus violemment ses affections particulières. Ainsi, après la suppression des jésuites, qu'il avoit défendus avec tant de courage, nulles plaintes, pas le plus léger murmure. Il en gémit sans doute, parce qu'il ne pouvoit s'en dissimuler ni le motif secret, ni les inévitables conséquences ; mais il adora en silence les décrets d'une Providence impénétrable, plein de respect pour la main qui frappe, soumis à celle qui permet, et implorant celle qui soutient.

Ces qualités aimables recevoient encore un
nouveau charme de l'heureux tempérament de
gravité et de gaîté, qui faisoit, en quelque sorte,
le fonds de son caractère. On feroit un recueil
agréable des bons mots, traits plaisans, réparties
fines, complimens délicats, échappés au saint
évêque, tantôt pour donner une leçon à une
femme-docteur, à des prédicateurs plagiaires,
à un abbé mondain (²¹), tantôt pour corriger la
sévérité d'un conseil, ou l'amertume d'un re-
proche (²²), tantôt pour répondre à des louanges
dont son humilité auroit pu s'offenser (²³). Je ne
connois personne à qui le comparer dans ce
genre de mérite, si ce n'est CICÉRON parmi les
anciens, et parmi les modernes, notre HENRI IV,
toutefois avec la réserve que lui imposoit le
sentiment profond des convenances (²⁴); sur quoi
j'observerai que son extrême promptitude à
saisir le ridicule, armant à l'instant même son
esprit de l'épigramme, en auroit pu rendre les
piqûres cruelles et dangereuses, si la charité
n'en avoit émoussé le trait (²⁵).

Cette gaîté, assaisonnée de raison et d'atti-
cisme, faisoit l'ame de ses conversations. C'étoit
un charme de l'entendre. Une politesse affec-
tueuse et simple, un choix d'entretiens instruc-
tifs et agréables, adressés avec justesse; le talent

de raconter , animé par un geste pittoresque ;
tout en sa personne fixoit les oreilles , les yeux
et les cœurs. On peut juger de sa conversation
par plusieurs de ses lettres rapportées dans les
mémoires de sa vie , et par quelques traits qui
nous en ont été conservés ; sorte d'apophtègmes
où la précision du langage est unie à l'énergie
de la pensée , et dont un seul fait tout un livre.
En voici que l'on peut citer sans craindre d'être
prolixe. En passant par Versailles , au retour
d'un voyage qu'il avoit fait à la Trappe , il est
rencontré par M. le cardinal de Fleury , qui
l'arrête pour lui demander d'où il venoit : « Mon-
« seigneur , répond M. DE LAMOTTE, sans faire
« beaucoup de chemin , j'ai vu les deux bouts
« du monde , la Cour et la Trappe ». Une
autre fois , rendant compte d'un violent orage
qui l'avoit retenu dans l'église de Saint-Denis :
« Il me sembloit , disoit-il , que par le bruit
« majestueux de son tonnerre, au milieu du si-
« lence de tant de rois et de princes dans leurs
« tombeaux, Dieu vouloit encore se faire res-
« pecter de leurs cendres, et se glorifier de son
« immortalité ». BOSSUET , parlant du haut de
la tribune sacrée, ne se seroit pas exprimé avec
plus de noblesse et de grandeur.

On conçoit sans peine avec quelle facilité les

anecdotes devoient échapper d'une mémoire
de quatre - vingts ans , vaste réservoir où se
trouvoient contenus et le siècle héroïque de
Louis XIV, et le siècle si mélangé de Louis XV.
Aussi ne le quittoit-on pas, sans chercher à le
retrouver.

Ce concours de tout ce qui imprime le respect avec ce qui concilie l'amour, avoit fixé dès
long-temps sur M. DE LAMOTTE les hommages
de toute la France. Partout son nom étoit ac-
compagné des épithètes les plus honorables. On
aimoit à chercher, parmi les noms les plus dis-
tingués des siècles passés ou du siècle présent,
des objets de comparaison avec notre prélat. Si
l'on vantoit le zèle apostolique du fameux archevêque de Milan, c'étoit pour ajouter que jusqu'à M. d'Amiens, il avoit été inimitable. Par-
loit-on de la douceur de l'évêque de Genève,
et de son talent à faire des conversions? On ra-
contoit aussitôt celle de M. GRESSET, et l'illustre
conquête qu'elle avoit apportée à la religion.
Des lettres spirituelles de FÉNÉLON , comme
étant un modèle de sagesse et d'onction? On
montroit celles que l'on avoit reçues de M. d'A-
miens. Des savantes apologies du christianisme
par les évêques de Boulogne et du Puy? On se
rappeloit et ses lettres pastorales et la belle ins-

truction contre les incrédules, dont on voit le plan dans les mémoires de sa vie. Des succès que quelques évêques avoient obtenus dans l'éloquence de la chaire et dans l'art du panégyrique? On n'avoit pas oublié que M. Languet, après l'avoir entendu prononcer, par-devant l'assemblée du clergé, le panégyrique de Saint-Vincent-de-Paul, s'étoit écrié : *M. d'Amiens nous a tous enlevés.*

Amiens, Paris, la cour et la ville, François, étrangers, tous n'avoient qu'un seul langage. Le roi Louis XV, la reine (la vertueuse Leczincka), M. le dauphin et son auguste compagne, le pieux duc DE PENTHIEVRE, surtout, n'en parloient qu'avec les expressions du plus tendre attachement; et par une sorte d'anticipation prophétique sans doute, ne le désignoient plus que par le titre sous lequel un jour, peut-être, il sera proposé aux hommages de la France ([26]).

Vous avez voulu, Messieurs, prévenir cette époque solennelle, en proposant son éloge à l'émulation des amis de la vertu. Par cela seul, vous lui avez rendu un hommage bien supérieur au plus éloquent de nos panégyriques. « Enfin, (pouvons-nous dire, comme autrefois un Athénien sur le juste Aristide), « enfin, le jour est

« donc arrivé, où la vertu courageuse et mo-
« deste reçoit sa récompense ». Cet hommage,
rendu trente-quatre ans après la mort de celui
qui en est l'objet, en devient encore plus honorable pour lui, et pour vous, Messieurs; il
prouve que le temps et les révolutions ne peu-
vent rien sur les illustres mémoires, ni sur les
cœurs reconnoissans.

NOTES.

(¹) On peut voir le détail de tous ces faits dans la dernière lettre des *Mémoires* en forme de lettres, *pour servir à l'histoire de la vie de feu Messire Louis François, Gabriel d'Orléans De Lamotte, évêque d'Amiens*, ouvrage très-bien fait, composé par un témoin oculaire, M. l'abbé d'Arguies, un de ses grands vicaires, et publié douze ans après la mort du prélat; en 2 vol. in-12.

(²) Le nom de MONTESQUIEU est ici d'un assez grand poids pour nous dispenser d'en alléguer d'autres. Or on sait avec quelle force l'auteur de *l'Esprit des Lois*, soutient les droits de la noblesse dans une monarchie. S'il falloit d'autres autorités, nous indiquerions particulièrement, celle de M. de FÉNÉLON, (voy. sa vie par M. de BEAUSSET tom. III, pag. 282) et l'éloge recent du général d'Hautpoult attribué à M. B***, morceau éloquent, où se retrouvent, en vingt lignes, les plus volumineux plaidoyers en faveur de la noblesse.

(³) C'est une vérité d'expérience, que le caractère et l'instinct de la vocation se décèlent naïvement dans les jeux du premier âge. *Mores quoque se inter ludendum simpliciùs detegunt*, avoit dit le grave Quintilien (*Instit. Orat. Lib. I. cap.* 3), bien long-temps avant Érasme, Locke, J. J. Rousseau, etc. Ce qui a fourni à l'auteur des mémoires de la vie de M. DE LAMOTTE, cette

observation, que le jeune De Lamotte montra de très-
bonne heure pour les fonctions ecclésiastiques, un goût
qui se faisoit remarquer jusques dans ses récréations.
(*tom. I, pag.* 9.)

(4) Un de mes juges dont la sagacité m'a fourni des ob-
servations utiles, blâme cette idée comme *obscure*,
inintelligible. Sans chercher à la défendre, je dirai
qu'elle m'a été indiquée par le *Réné* de M. de Chateau-
briant, et, mieux encore, par quelques-uns de nos
livres ascétiques.

L'académie d'Amiens en daignant honorer cet éloge
de son suffrage, a bien voulu transmettre à l'auteur, des
remarques critiques qu'il a accueillies avec une sincère
reconnoissance, et dont il a profité. S'il ne s'est pas
rendu avec une égale docilité à toutes celles qui lui ont
été présentées, ce n'est point par un sentiment de préférence pour ses opinions personnelles; mais uniquement
ment parce que les mêmes expressions blâmées à Amiens,
ont trouvé ailleurs des apologistes.

(5) Dès 1716, M. De Lamotte avoit eu le dessein de
se retirer à Septfonds, et d'en prendre l'habit. Il ne fallut
pas moins que le refus constant de l'Abbé, pour en empêcher l'exécution. Mais dans tous les temps de sa vie,
ses vœux les plus ardens se partagèrent entre cette so-
litude et celle de la Trappe. Vingt-deux jours avant sa
mort, il écrivoit confidentiellement, qu'il étoit disposé
à demander sa retraite à Issy, à S. Lazare, *ou plus loin*,
c'est-à-dire, dans l'une de ces deux maisons. Cette lettre,
la dernière peut-être qu'il ait écrite, est une sorte de
codicile ajouté à son testament. Ses résolutions étoient
si bien connues à cet égard, que l'abbaye de la Trappe

étant venue à vaquer, par la mort de D. Malachie, et
Louis XV l'ayant proposée à un abbé, aux évêques
même, qui se trouvoient auprès de lui, sans que pas un en
voulût, le roi ajouta : *je me garderai bien de l'offrir
à M. l'évêque d'Amiens ; il m'auroit bien vite pris
au mot.*

(⁶) Malgré les approches de la peste qui en 1720, ra-
vagea la Provence, M. DE LAMOTTE ne quitta point la
ville de Carpentras ; et le fléau s'arrêta à ses portes.
Peu d'années avant sa mort, M. l'évêque d'Amiens s'étant
rendu, durant le cours de ses visites pastorales, dans la
paroisse du Quénel, la trouva en proie à une épidémie
des plus meurtrières. Pressé de s'éloigner, il n'y voulut
jamais consentir. Il y officia pontificalement, et l'épidémie cessa. « Les habitans du Quénel ont voulu par
« reconnoissance en faire passer la mémoire à la posté-
« rité, en consignant le fait dans les registres, par un
« acte, signé d'une multitude de témoins ». (*Mémoires
tom. I pag.* 249.)

(⁷) L'historien de sa vie publiée en tête de ses lettres
(2 vol. in-4°, ou 8 vol. in-12, 1750) s'est plu à raconter
ses succès dans la prédication, dont il ne faut point juger par le recueil de sermons imprimé sous son nom, en
2 vol. in-12. Ce qu'il y a de plus authentique, c'est le
jugement qu'en a porté M. de FÉNÉLON. Il ne proposoit
d'autre modèle pour l'éloquence de la chaire que *Massillon et Soänen.* (*Dict. des hommes illustres. Art.
Soänen.*)

(⁸) Ce même mot se retrouve, attribué à Fénélon, par
M. d'Alembert, dans l'éloge de ce prélat (*Eloges des
académic. page* 302.) Etoit-ce de la part de M. DE

LAMOTTE une simple réminiscence ? L'illustre archevêque
de Cambray avoit-il déjà pour lui l'autorité de ces ora-
cles sacrés, dont on s'approprie les paroles sans plagiat ?
Ou bien peut-être, M. d'Alembert, suspect en fait d'a-
necdotes, auroit-il dérobé ce mot à M. DE LAMOTTE, pour
en faire honneur à son héros ? Quoi qu'il en soit, le
sentiment qu'il exprime, appartenoit à l'un et à l'autre.
Il a donc pu inspirer à tous les deux la même image et
les mêmes expressions.

(9) C'est ainsi qu'il s'exprime dans une lettre rapportée
au premier volume des mémoires cités plus haut, p. 101.

(10) On voit dans sa correspondance que ses journées
étoient souvent commencées à trois heures du matin, et
toujours à quatre. (*Voy. lettr. Spirit.* XXI. *pag.* 87.)

(11) M. l'évêque d'Amiens, voulant satisfaire à la fois
aux devoirs de la sollicitude pastorale, aux demandes
d'une foule d'ecclésiastiques de son diocèse, et aux vœux
de plusieurs évêques de France, avoit adressé à ses
curés une instruction en forme d'*Avis* sur la conduite
qu'ils avoient à tenir dans l'administration des sacremens.
Ces avis sont du 19 décembre 1746. Ils obtinrent l'ap-
probation de tout l'épiscopat ; nous en avons les preuves
dans la correspondance originale de M. d'Amiens, que
nous avons entre les mains. Le Parlement de Paris en
ordonna la supression par un arrêt rendu le 7 janvier de
l'année suivante, M. DE LAMOTTE écrivit au roi, pour en
obtenir la cassation. Louis XV, sans obtempérer d'une
manière précise à sa demande, lui permit de faire réimprimer ses avis. Le Parlement, lui-même, déclara
bientôt après, par l'organe de M. l'avocat général
(d'Ormesson) qu'il n'avoit pas prétendu condamner la

doctrine de M. l'évêque d'Amiens. Cette double satisfac-
tion étoit pour le prélat une sorte de triomphe dont son
amour pour la paix ne lui permit pas de se prévaloir. Il
n'usa point de la permission accordée par le monarque,
de faire réimprimer ses avis.

Le jour de la fête-Dieu, de l'année 1752 , M. l'évêque
d'Amiens, qui étoit dans l'usage de monter en chaire,
les jours où il officioit pontificalement, fit une exhortation sur le respect dû au sacrement de la communion.
Dans la seconde partie de son discours , il établit que
les ministres des autels étoient seuls juges des dispositions qui doivent en éloigner, et cita S. Jean Chry-
sostôme à l'appui de sa doctrine. Pour empêcher qu'on
ne lui prêtat rien au-delà de ce qu'il avoit dit, il rendit
public, par la voie de l'impression, un extrait de son
instruction. Arrêt rendu le 4 juillet, qui en ordonne la
suppression.

En 1753, les Dominicains de la ville d'Amiens ayant
enregistré deux arrêts du Parlement, avec un réquisi-
toire du Sieur Pierron substitut du procureur-général,
où l'église de France étoit déclarée *église indépendante*;
M. l'évêque écrivit à ces pères, sa lettre du 8 mars, où
il se plaint de leur conduite. La lettre fut déférée au
parlement, le 28 du même mois. La cour ordonna qu'il
en seroit informé. M. l'évêque se dénonça lui-même par
sa lettre qui fit alors tant de bruit, au procureur général , M. Joly de Fleury.

En 1756 , M. l'archevêque de Paris, publia sa fa-
meuse instruction pastorale, du 19 novembre, *sur les
atteintes portées à la juridiction spirituelle*. M. l'é-
vêque d'Amiens fut des premiers à manifester son adhé-

sion, qu'il justifia par son mandement du 14 novembre. Quelques jours après, parut une sentence des magistrats d'Amiens, portant condamnation et suppression de son mandement. Le parlement de Paris alla plus loin ; il ordonna que le mandement fût lacéré et jeté au feu.

M. l'archevêque de Paris fut exilé. On s'attendoit à voir la même peine infligée à M. l'évêque d'Amiens ; lui-même *se réjouissoit dans l'espoir de partager le sort du prélat qu'il nommoit un autre Athanase.* Louis XV le conserva religieusement à son diocèse : il déclara qu'il ne *vouloit pas qu'on touchât à son saint évêque :* ce sont les propres expressions du monarque. M. DE LAMOTTE écrivit au roi, en faveur de l'illustre exilé, plusieurs lettres pleines de courage et de sensibilité, dont nous avons sous les yeux les originaux écrits de sa main.

(¹²) On peut consulter sur ces événemens, dont Abbeville fut le théâtre en 1765, les mémoires de la vie de M. DE LAMOTTE, *tom.* 1 *pag.* 186, les écrits du temps, même la correspondance de *Voltaire,* qui n'y dissimule point son embarras sur le rôle dont tout le parti philosophique se trouva chargé dans cette malheureuse tragédie.

(¹³) Ses principes sur la charité, dit l'auteur des mémoires, étoient admirables. Elle n'étoit pas, selon lui, digne d'un chrétien, quand elle ne s'étend qu'au sacrifice du superflu, et si elle ne va pas jusqu'à nous faire priver un peu du nécessaire. (*Tom.* 2 *pag.* 293.)

(¹⁴) Cette lettre est rapportée dans les mémoires, *tom.* 2 *pag.* 240.

(¹⁵) Après avoir servi avec honneur, son pays et son

prince dans la profession des armes, *M. l'abbé de Brantes* voulut servir sa patrie, et le roi des rois, dans la carrière ecclésiastique, à laquelle il se dévoua tout entier. Il mourut au mois de mai 1757, au moment où il s'occupoit de la fondation d'un séminaire. M. De Lamotte adressa à tous les prêtres de son diocèse, une lettre qui contient l'abrégé de la vie et des vertus de son digne collaborateur. *L'abbé de Brantes* étoit aux yeux du monde, un fruit mûr pour l'épiscopat ; aux yeux de Dieu, il l'étoit pour les récompenses du ciel. Nous connoissons des personnes de son nom et de sa famille, dans lesquelles ce respectable ecclésiastique semble avoir transmis les dons de l'esprit et du cœur, qui rendirent alors sa perte si sensible.

(¹⁶) Mémoires, *tom.* 2 *pag.* 295.

(¹⁷) *Justum et tenacem proposit.*, etc. L'application et le commentaire sont justifiés par un témoignage qui n'a rien de suspect, celui de l'auteur de la *vie privée de Louis XV*, dont voici les paroles : « Le roi Louis XV se trouva forcé par les circonstances, de détruire et les Jésuites et les parlemens, et de laisser *l'état et la religion également ébranlés, et bouleversés jusques dans leurs fondemens.* (Tom. II, in-8° pag. 381.)

(¹⁸) Chez moi, disoit M. l'évêque d'Amiens, je prends ce que je veux, chez les autres, ce qu'ils veulent.

(¹⁹) Selon lui, il n'étoit permis à un évêque d'être magnifique que dans deux choses, sa chapelle et sa bibliothéque. (*Mémoires tom.* 2 *pag.* 313.) Très-simple dans tout son extérieur, il étoit aussi très-propre, aimant mieux, disoit-il, voir à ses habits un trou qu'une tache. L'air de malpropreté lui étoit insupportable, même dans les antres. (*Ibid. pag.* 326.) Nous ne releverions pas ces détails, peut-être minutieux, dans tout autre éloge que celui d'un évêque si remarquable par l'austérité de ses mœurs.

(²⁰) « Il essuia entr'autres, dit l'historien de sa vie, l'im-
« portunité d'une Melle.*** pendant deux jours, et au bout
« d'une heure et demie d'audience, quelqu'un s'étant fait
« introduire, la demoiselle s'écria avec humeur : *il est*
« *bien triste de ne pouvoir jouir un moment de votre*
« *entretien.* » Le bon évêque, en racontant ce trait, ajoutoit : « C'est quelque chose d'assommant : cependant
« il faut l'entendre, car elle veut le bien; suppor-
« tons-nous les uns les autres. »

(²¹) Une dame se mêloit de dogmatiser sur les ques-
tions de la grâce. M. De Lamotte lui envoya la somme
de S. Thomas, en latin. — Un prédicateur se laissoit
complimenter sur un sermon pris dans un auteur connu.
M. d'Amiens, à qui il demandoit son avis, lui répondit :
j'entends toujours ce sermon avec un nouveau plaisir.
— Pendant qu'un autre plagiaire prêchoit, un chien
vint à aboyer; comme on le vouloit forcer à se taire;
laissez, laissez, dit M. De Lamotte, *il fait son métier,*
il crie au voleur. — Un autre s'applaudissoit d'un sermon vraiment ridicule : *vous avez fait de votre mieux,*
lui dit M. d'Amiens. Le personnage ne sentit point l'épigramme. — Un abbé étaloit sous les yeux de l'évêque,
un nécessaire à la dernière mode, dont il venoit de faire
acquisition : *il y manque quelque chose,* dit M. De
Lamotte. — Eh quoi donc, Monseigneur? — La boîte à
rouge.

(²²) Une dame le consultoit sur l'usage du rouge. Voici la réponse de M. De Lamotte : les uns vous l'interdisent, et vous les trouvez trop sévères ; les autres le permettent, et on les trouve relâchés. J'ai, moi, un avis mitoyen : je permets d'en mettre d'un côté.

Il avoit à se plaindre d'un économe qui prodiguoit la dépense. M. De Lamotte lui écrivit : j'ai peur que vous ne soyez plus rempli que moi du mépris des richesses ; et il ne faut pas que vous l'emportiez sur votre évêque.

(²³) Après une mission faite à Aix, on le complimentoit sur les succès qu'il y avoit obtenus. Il répond : « Quoiqu'on en dise ; je n'ai pu seulement leur apprendre à ne pas dépouiller les passans : voyez dans quel état ils m'ont mis ». — C'est que les peuples de la contrée avoient déchiqueté sa soutane et son manteau, comme pour en faire des reliques. — Un des directeurs de son séminaire, le haranguant, l'avoit loué à l'exorde et à la péroraison. « Votre discours est bon, lui dit M. De Lamotte, « pourvu qu'on le prenne comme on sert le poisson, « entre tête et queue. »

(²⁴) Les bons mots de l'orateur romain nous ont été conservés par ses historiens. Voyez Plutarque, Middleton, Prévost, Franc. Marcodurand, (édit. Westen.) d'après un de ses affranchis, qui en avoit fait le recueil, au rapport de Quintilien (*Instit. Orat.* L. VI. c. 3.) Ceux du bon roi ont été recueillis, tant dans un vol. in-12, publié sous ce titre : *Histoire des amours de Henri IV, avec un recueil de lettres, d'anecdotes, bons mots etc.* Colog. 1667, composé par Marguerite de Lorraine, et réimprimé au tom. IX des *Amusemens de campagne*, que dans un volume intéressant, imprimé chez Prault (Paris 1775) sous ce titre, *Esprit d'Henri IV*.

Les bons mots de M. DE LAMOTTE ajouteroient un volume piquant, à la collection des *Ana*. En voici quelques-uns. S'étant fait raser par un barbier maladroit, M. DE LAMOTTE s'aperçoit que le sang coule; il rappelle l'opérateur, en lui disant : je vous ai payé la barbe, voici pour la saignée. Celui-ci cherche à s'excuser, en répondant qu'il y avoit là un bouton. — Oui, réplique M. DE LAMOTTE, parce qu'il y avoit un bouton, vous avez voulu faire la boutonnière. — Dans un repas, on lui avoit présenté de la liqueur; c'étoit de l'huile de Vénus, mais on avoit cru, par respect pour l'évêque, devoir en taire le nom. Quand enfin ce nom eut été déclaré; c'est pour cela, dit M. DE LAMOTTE, que j'en prendrai volontiers; il ne faut rien négliger pour la détruire.—Dînant chez un ecclésiastique, on parut s'étonner qu'il y eût de très-bon vin; aussi, ne voyez vous pas, dit M. DE LAMOTTE, qu'il s'en défait. — Il n'aimoit ni les drogues, ni les médecins. Sur les premières, c'étoit, disoit-il, une attention de la Providence, de les avoir rendues amères pour en dégoûter. — Un jour qu'il étoit incommodé, on lui annonce son médecin. S'il a besoin de moi, répond le malade, faites-le entrer. — A un prélat qui le quittoit après un long séjour à Amiens, je vais, lui dit-il, commencer à vieillir. — Il écrivoit à M. de Fleury, archevêque de Tours: Malgré mon grand âge, je suis toujours fleuri, etc., etc.

On a mis sur le compte de M. d'Amiens, bien des anecdotes que son historien a désavouées. Toujours est-ce ici le cas de dire, qu'on ne prête qu'aux riches.

(²⁵) M. d'Amiens en convenoit : « Si l'on m'avoit fait « évêque à trente ans, disoit-il quelquefois, j'aurois « tourmenté le monde. »

(²⁶) M. Le Duc de Penthièvre, passant par Amiens en 1783, visita la cathédrale. On lui proposa de le conduire à la sépulture de M. De Lamotte. « Ma pre- « mière occupation, répondit le prince, a été, en en- « trant dans cette église, de prier pour lui, ou plutôt « de le prier lui-même, d'intercéder pour moi. »

FIN.

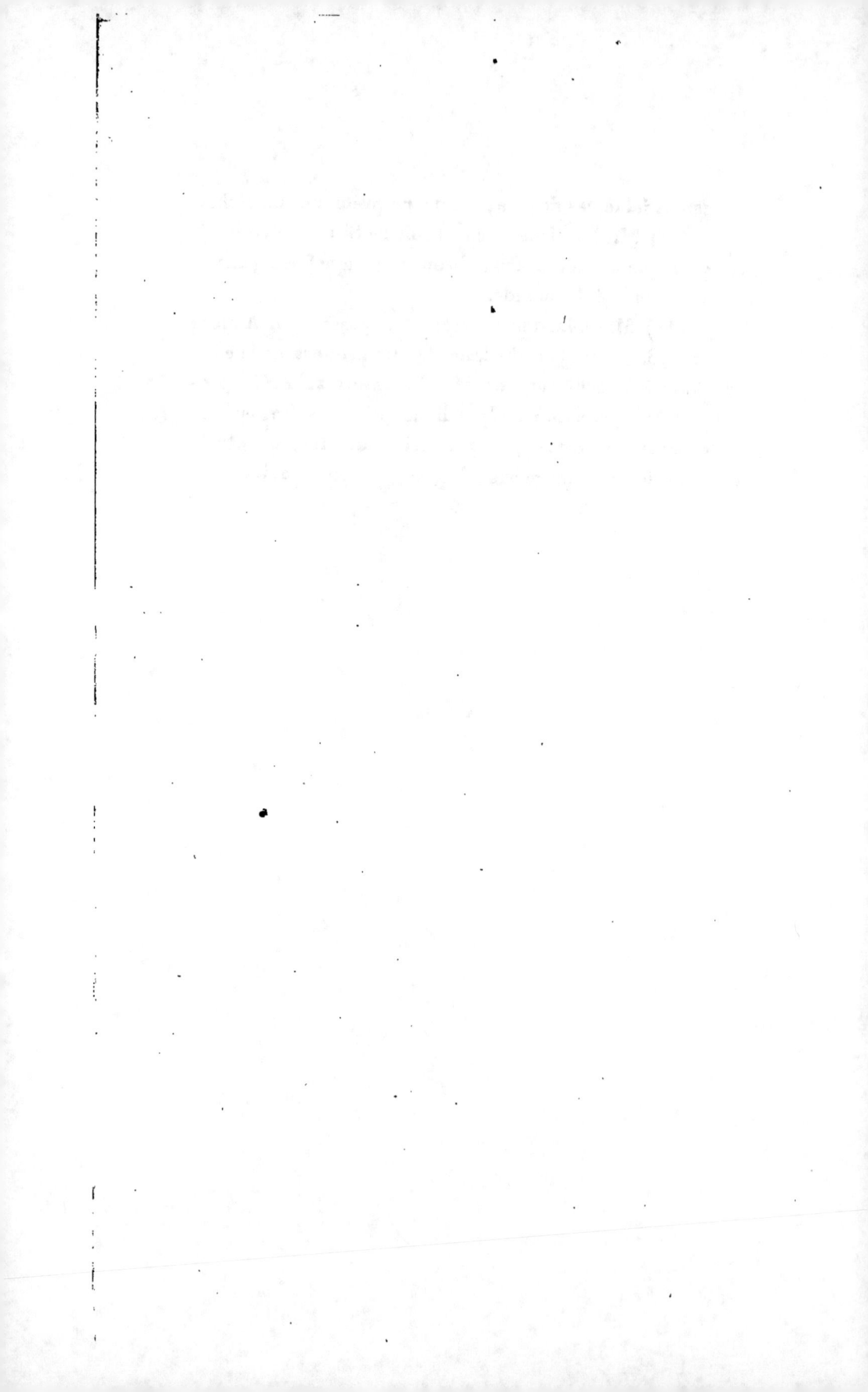

www.ingramcontent.com/pod-product-compliance
Lightning Source LLC
LaVergne TN
LVHW020047090426
835510LV00040B/1462